Leonie Kolde

Ein Vergleich von Bezügen zu Goethes Werther in Plenzdorfs 'Die neuen Leiden des jungen W.' und Dana Bönisch 'Rocktage'

"Ich habe eine Bekanntschaft gemacht, die mein Herz näher angeht."

GRIN Verlag

Bibliografische Information der Deutschen Nationalbibliothek:

Die Deutsche Bibliothek verzeichnet diese Publikation in der Deutschen National-
bibliografie; detaillierte bibliografische Daten sind im Internet über http://dnb.d-
nb.de/ abrufbar.

Impressum:

Copyright © 2010 GRIN Verlag, Open Publishing GmbH
Druck und Bindung: Books on Demand GmbH, Norderstedt Germany
ISBN: 978-3-656-01101-9

Dieses Buch bei GRIN:

http://www.grin.com/de/e-book/178261/ein-vergleich-von-bezuegen-zu-goethes-
werther-in-plenzdorfs-die-neuen

GRIN - Your knowledge has value

Der GRIN Verlag publiziert seit 1998 wissenschaftliche Arbeiten von Studenten, Hochschullehrern und anderen Akademikern als eBook und gedrucktes Buch. Die Verlagswebsite www.grin.com ist die ideale Plattform zur Veröffentlichung von Hausarbeiten, Abschlussarbeiten, wissenschaftlichen Aufsätzen, Dissertationen und Fachbüchern.

Besuchen Sie uns im Internet:

http://www.grin.com/

http://www.facebook.com/grincom

http://www.twitter.com/grin_com

Verfasserin: Leonie Kolde
Schule: Gymnasium Bersenbrück
Schuljahr: 2009/2010
Kurs: Literatur

„Ich habe eine Bekanntschaft gemacht, die mein Herz
näher angeht." -
Ein Vergleich von Bezügen zu Goethes Werther
in Plenzdorfs *Die neuen Leiden des jungen W. und*
Dana Bönisch *Rocktage*

Ausgabetermin: 11.Januar 2010
Abgabetermin: 26.Februar 2010

Inhaltsverzeichnis

1. Einleitung

„ Ich habe eine Bekanntschaft gemacht, die mein Herz näher angeht." – Dieses Zitat stammt aus dem Brief vom 16.Juni aus Goethes Roman *Die Leiden des jungen Werther* und trifft ebenfalls auf die weiteren in dieser Arbeit thematisierten Werke von Ulrich Plenzdorf (*Die neuen Leiden des jungen W.)* und Dana Bönisch (*Rocktage*) zu. In allen drei Romanen geht es um die Liebe und die Beziehung zwischen Mann und Frau. Jeder der drei Protagonisten verliebt sich in eine vergebene Frau und versucht daraufhin, die unerwiderte Liebe auf seine Weise zu lösen. Doch letztendlich scheitern alle drei daran.

In vorliegender Arbeit werde ich so vorgehen, dass ich zunächst in Kapitel 2 einen kurzen Einblick in den Inhalt der Romane geben und im Anschluss daran die Protagonisten hinsichtlich folgender Aspekte vergleichen werde:

1. der Beziehung zwischen den männlichen Protagonisten und ihren unerwiderten Liebschaften
2. der Männer, die den Protagonisten im Wege stehen, und
3. der Todesursachen/-arten der Protagonisten.

Hierbei konzentriere ich mich hauptsächlich auf die Romane von Plenzdorf und Bönisch und ziehe nur teilweise Bezüge zu Goethe, da das Hauptthema des Seminars, in dessen Rahmen ich diese Facharbeit verfasse, die Literatur der 70er Jahre darstellt. Das Stück *Die neuen Leiden des jungen W.* von Ulrich Plenzdorf ist 1972 uraufgeführt worden. Die Neuauflage von Dana Bönisch aus dem 21.Jahrhundert empfinde ich als Vergleichsobjekt an vielen Stellen ergiebiger und aufgrund ihrer Modernität geeigneter als Goethes *Werther*.

Ein weiterer Grund für meine Themenwahl war mein Interesse an der Thematik der unerwiderten Liebe sowie mein Erstaunen darüber, dass dieses Thema sozusagen als zeitlos bezeichnet werden kann und über die Jahrhunderte hinaus Anklang fand bzw. findet.

So gut wie jeder kann sich in dem Schicksal der unerwiderten Liebe wiederfinden und jede Person reagiert anders darauf - so auch die Protagonisten der Romane, mit denen ich mich besonders beschäftigt habe. Doch inwieweit die unerwiderte Liebe ihr Leben im Positiven und Negativen verändert und ob und wie sie mit so einer Enttäuschung umgehen, werde ich in meiner Arbeit zu erläutern versuchen.

Um den Bezug zur DDR-Literatur herzustellen, wird in Kapitel 3 erläutert, inwiefern es Ulrich Plenzdorf in seinem Roman gelungen ist, anhand des Protagonisten Edgar das DDR-Regime zu kritisieren.

Das dritte und letzte Schwerpunktthema der vorliegenden Arbeit vereint in Kapitel 4 die zwei oben genannten Teilthemen zu einem Vergleich der drei Protagonisten hinsichtlich ihrer Vorbildfunktion für die jeweilige Jugendkultur.

2. Vergleich der Protagonisten bei Plenzdorf und Bönisch mit Bezügen zu Goethe

Während Goethe seinen Protagonisten Werther nennt, gibt Ulrich Plenzdorf ihm den Namen Edgar Wibeau. In dem Roman von Dana Bönisch wiederum heißt der Protagonist Tobias Puck.

2.1 Kurze Inhaltsangabe der Bücher mit Vorstellung der Protagonisten und deren Charaktereigenschaften

2.1.1 Werther in *Die Leiden des jungen Werthers*

Werther ist ein junger Mann, der noch nicht recht weiß, was er im Leben machen möchte. Er kommt in die Stadt W., um für seine Mutter eine Erbschafts-Angelegenheit zu erledigen, und wohl auch, um aus der gewohnten Umgebung herauszukommen.

Sätze wie „[...] wenn ich jene Berge, vom Fuße bis auf zum Gipfel, mit hohen, dichten Bäumen bekleidet, all jene Thäler in ihren mannichfaltigen Krümmungen von den lieblichsten Wäldern beschattet sah, [...]."[1] veranschaulichen, dass Werther seine Gefühle und Gedanken häufig mit Hilfe der Natur ausdrückt. In obigem Zitat, aus seinem Brief vom 18. August, sind seine Gefühle positiv und er beschreibt die schönen Seiten der Natur. Er hält jedoch auch seine Ängste sowie traurige Stimmungen mit aus der Natur stammenden Metaphern fest, wie folgende Textstelle im Vergleich verdeutlicht: „Ungeheure Berge umgaben mich, Abgründe lagen vor mir, und Wetterbäche stürzten herunter [...]."[2] Zudem zeigt der Brief, wie emotional Werther ist. Darüber hinaus spiegeln diese Zitate den Verlauf seines Lebens wider. Dieselben Berge und Täler, die zu Beginn als etwas Liebliches und Schönes beschrieben werden, stellt Werther nun auf einmal als Ungeheuer und Abgründe dar. Sie veranschaulichen, wie der Lebensmut von Werther immer mehr abnimmt. Grund dafür ist Lotte, die er auf einen Ball begleitet. Obwohl er um ihre Verlobung mit Albert weiß, verliebt er sich unsterblich in sie.

Als er nach einem Kuss von Lotte noch immer abgewiesen wird, verzweifelt Werther: „Der Wunsch danach, aus dem Leben zu scheiden, wächst im Laufe der Handlung immer mehr, wobei die beiden wichtigsten Ereignisse die Ablehnung am Hofe und die Ablehnung von Lotte bleiben."[3] Aus diesen Gründen erschießt sich Werther.

2.1.2 Edgar Wibeau in *Die neuen Leiden des jungen W.*

Edgar Wibeau ist ein 17-jähriger Junge, der in der DDR lebt und sowohl ein Fan von Jazz als auch von echten Jeanshosen ist. Edgar bezeichnet sich als Pazifisten und hält nichts von Ordnung. Da sein Vater ihn schon im Alter von fünf Jahren verlassen hat und seine strenge Mutter versucht, ihn nach ihren Normen zu erziehen, bricht er seine Lehre ab und zieht nach Berlin in eine Laube. Edgar zieht die Natürlichkeit vor, worin er Werther stark ähnelt. Er hat

---

[1] Texte, Themen und Strukturen Deutschbuch für die Oberstufe.Berlin.1999.S:220.
[2] Ebd.S:220.
[3] http://www.rhetoriksturm.de/leiden-des-werther.php#selb [09.02.2010]

5

einen Freund namens Willi, an den er selbstaufgenommene Tonbandträger in gehobener Sprache, wie sie auch Werther in seinen Briefen verwendet, schickt. Edgar ist ebenfalls unglücklich in eine Charlotte, die er nach Goethes Lotte benannt hat und liebevoll Charlie ruft, verliebt. Charlie ist jedoch mit Dieter verlobt.

Nachdem Edgar einen Malerjob angenommen und dort sowohl einen neuen Freund namens Addi als auch eine neue Vaterfigur - Zaremba – gefunden hat, bastelt er an einem sogenannten „NFG" (einem nebellosen Farbspritzgerät). Doch bevor er dieses seinen Kollegen vorführen kann, stirbt Edgar Wibeau bei einem Unfall.[4]

2.1.3 Tobias Puck in *Rocktage*

Nach außen hin erweckt Tobias den Anschein eines normalen BWL-Studenten, der des Öfteren viel Alkohol trinkt. Er ist zudem ein fanatischer Anhänger der Band „Ash". Am Anfang des Romans wird jedoch bereits deutlich, wie durcheinander er innerlich ist und dass er nicht wirklich weiß, was er mit sich anfangen soll: „Er wusste nicht, wohin. Das fiel ihm nun auf."[5] Auf einer Uni-Party lernt er dann das Mädchen Gwen kennen und verfällt ihr schon in dieser ersten Nacht: „Ihr Name war ein Märchen, sie selbst war ein Märchen, ein Märchen, das sich auf der Welt rumtrieb [...]."[6] Aber auch diese Liebe wird von der weiblichen Protagonistin nicht erwidert, da Gwen schon an Stephan, ihren festen Freund, vergeben ist. Auch in Tobias' übrigem Freundeskreis, in dem er nur mit seinem Nachnamen *Puck* gerufen wird, sieht es eher dürftig aus. Pucks bester Freund ist Mo, sofern man überhaupt von Freundschaft sprechen kann: „ „Alter", sagte Mo. „Alter", sagte Puck. Er setzte sich neben ihn auf den kalten Stein."[7] Dieses Zitat verdeutlicht, dass sie sich nicht wirklich viel zu sagen haben. Somit stellt Mo hauptsächlich Pucks Quelle für Drogen dar. Neben seinen einzigen wahren Freunden, den Fröschen in dem Aquarium seines Zimmers, gibt es noch einen letzten Freund: Goethe. Dieser spricht jedoch nur in seiner Phantasie mit ihm: „ „Was zieht mir das Herz so? Was zieht mich hinaus?" "[8]

Pucks Familie besteht aus seiner Mutter und ihrem neuen Freund, den er nicht besonders leiden kann. Auch zu seiner Mutter pflegt Puck kein gutes Verhältnis.

Pucks Leben ist in die „Gummispülhandschuhtage"[9], die schlechten Tage, und in die „Rocktage"[10], die fröhlichen und traurigen Tage, an denen man das Leben spürt und lebt, eingeteilt. Letztere kommen in Pucks Leben bedauerlicherweise jedoch nur selten vor und somit ist er weiter auf der Suche nach der„[...] undefinierte[n] Sehnsucht, vielleicht nach etwas, das er mal gekannt und dann verloren, oder nach etwas, das er nie gekannt und immer gesucht

[4] vgl.Königs Erläuterungen Interpretation zu Ulrich Plenzdorf Die neuen Leiden des jungen W.Hollfeld.2004.,S: 42/43.
[5] Bönisch, Dana.2003.S:8
[6] Ebd.S:25
[7] Ebd.S:9
[8] Dana Bönisch.2003.S:9
[9] Ebd.S:11
[10] Ebd.S:11

hat[...]."[11] Doch die Suche scheint gescheitert, nachdem sich Puck am Ende selbst das Leben nimmt, indem er von einem „Zehner"[12] springt.

2.2 Vergleich der Beziehung zwischen den männlichen Protagonisten und ihren unerwiderten Liebschaften

Wie man bereits den Inhaltsangaben entnehmen kann, ähneln die Liebesgeschichten von Bönisch und Plenzdorf sehr der Beziehung zwischen Goethes Werther und seiner Lotte. Alle drei Männer verlieben sich in eine Frau, die ihre Liebe nicht erwidert.

Während Edgar Charlie im Kindergarten zum ersten Mal begegnet, lernt Puck, ähnlich wie Werther, der Lotte auf einen Ball begleitet, Gwen auf einer Party kennen. Zudem kommt sowohl bei der ersten Begegnung von Werther und Lotte als auch bei der von Puck und Gwen ein „Gewitter"[13] auf, welches jedoch weder Werther noch Puck daran hindert, ihre neu gefundene Liebe weiter zu bestaunen.

Aber auch in der Beziehung zwischen Edgar und Charlie sind Parallelen zu der von Werther und Lotte zu finden. So benutzt Edgar für den Bericht per Tonbandträger an seinen Freund Willi über seine erste Begegnung mit Charlie Edgar die gleichen Worte wie Werther nach dem ersten Treffen mit Lotte.[14]

Die meisten Gemeinsamkeiten weisen jedoch die Beziehung von Edgar und Charlie auf der einen und die von Puck und Gwen auf der anderen Seite auf. Vor allem die Augen der jeweiligen Frau, die Edgar als „Scheinwerfer"[15] und Puck als „[...] zu schön und dunkel, zu sehr wie ein Lied von Placebo, als dass er Worte hätte erfinden können"[16], beschreibt, haben es den beiden auf Anhieb angetan. Doch die Gefühle der beiden gehen noch tiefer. Edgar „himmelt Charlie die ganze Zeit an"[17], und Puck „überlegt[...], ob er nicht schon einige Minuten den Atem angehalten hat[...], ohne es zu merken."[18] Hier wird deutlich, wie sehr sie den Frauen schon nach den ersten Minuten verfallen sind. Wenn auch nur indirekt, ist eine weitere Ähnlichkeit die Liebe zur Jeans. Während Edgar den selbstbenannten „Blue-Jeans-Song"[19] schreibt, vergöttert Puck des Öfteren die „langen hellen Jeansbeine"[20] von Gwen.

Eine der bedeutsamsten Parallelitäten ist der Kuss, welcher wiederum bei allen dreien vorkommt und durch den sich auch alle drei zunächst unglücklich verliebten Männer wieder Hoffnung machen. Edgar wird von Charlie am 22. Dezember nach einem ausgiebigen Streit

---

[11] Ebd.S:9
[12] Ebd.S:158
[13] Ebd.S:24
[14] vgl.Ulrich Plenzdorf.2004.S:38
[15] Ulrich Plenzdorf.2004. S:37;S:40;S:85
[16] Dana Bönisch.2003S:24
[17] Ulrich Plenzdorf.2004S:37
[18] Dana Bönisch.2003.S:24
[19] Ebd.S:24
[20] Dana Bönisch.2003.S:27;S:43

zwischen ihr und Dieter bei strömendem Regen auf einem Boot geküsst.[21] Obwohl er weiß, dass Charlie noch an den Streit mit ihrem Verlobten denkt, geht er auf den Kuss ein[22] und „w[ird] nicht wieder."[23]

Auch Puck erhält nach einem gemeinsamen Konzertbesuch der Band „Ash", als er und Gwen durch den Regen nach Hause laufen, einen Kuss von ihr. Dieser öffnet ihn: „Sehnsucht floss aus ihm heraus und vermischte sich mit den Küssen und ihren nassen Klamotten, und er glaubte zu beginnen, das Leben zu spüren."[24]

Auf der anderen Seite gibt es auch einen großen Unterschied zwischen Edgar und Puck. Edgar steht stärker über den Dingen und ist selbstbewusst. Er lässt sich auch nicht von Charlies Verlobtem einschüchtern, denn seiner Meinung nach „[ist] verlobt noch lange nicht verheiratet." Puck jedoch ähnelt hinsichtlich seinen Gefühlen eher Werther. Deren Liebe steigert sich zunehmend „in einen regelrecht krankhaften und realitätsfernen Zustand starker Gefühlsschwankungen."[25]

Die Gründe dafür sind an erster Stelle der Freund bzw. die Verlobten, die den männlichen Protagonisten im Wege stehen. Auf diese werde ich im Folgenden näher eingehen.

2.3 Vergleich der Männer, die Werther, Edgar und Puck im Weg stehen

In Goethes Roman ist es Albert, zu dem Lotte, Werthers Liebe, letztendlich zurückkehrt. Edgar kann Dieter nicht leiden, weil dieser mit seiner Charlie verlobt ist, und Gwens Freund, der Puck wiederum hinderlich ist, heißt Stephan.

Dieter, als Traditionalist, ist das komplette Gegenteil von Edgar, der ganz Modernist ist.[26] Edgar bezeichnet ihn als Schlips- und Kragenträger, der in seinem Koffer Kollegmappen mit sich rumträgt. Außerdem hat er bei der ersten Begegnung mit Edgar noch ein Luftgewehr dabei[27], welches auf seine lange Armeezeit hindeutet, aus der er in Ehren entlassen worden ist.[28] Edgar redet sich jedoch weiterhin ein, dass er Chancen bei Charlie hat, indem er Dieter schlechtredet – „Er hätte ihr Vater sein können, ich meine, nicht altersmäßig. Aber sonst."[29] – und als „Spießer"[30] bezeichnet. Diese Zitate unterstreichen noch einmal die Jugendlichkeit Edgars und somit den großen Unterschied zwischen ihm und Dieter. Edgar weiß, dass Charlie sich genau wegen dieser Eigenschaft zu ihm hingezogen fühlt und denkt, dass er Dieter

[21] vgl.Königs Erläuterungen Interpretation zu Ulrich Plenzdorf.Helldorf.2004.S:31
[22] vgl.Dana Bönisch.2003.S:90
[23] Ebd.S:90
[24] Ebd.S:130
[25] http://209.85.129.132/search?q=cache:eYQD6RkD4owJ:mitglied.multimania.de/fsd/faeisenbl.doc+in+einen+regelrecht+krankh aften+und+realit%C3%A4tsfernen+Zustand+starker+Gef%C3%BChlsschwankungen&cd=1&hl=de&ct=clnk&gl=de [09.02.2010]

[26] vgl.Königs Erläuterungen Interpretation zu Ulrich Plenzdorf.Helldorf.2004.S:29
[27] vgl.Ulrich Plenzdorf.2004.S:51
[28] vgl.Königs Erläuterungen Interpretation zu Ulrich Plenzdorf.Helldorf.2004S:29
[29] Ulrich Plenzdorf.2004.S:124
[30] http://www.amazon.de/K%C3%B6nigs-Erl%C3%A4uterungen-Materialien-Bd-304-Leiden/dp/3804417957 [14.01.2010]

somit noch immer überlegen ist, wohingegen Puck eher verzweifelt ist und versucht, „Stefan zu ignorieren."[31] Seine Eifersucht geht sogar so weit, dass er normale Gesten, wie das Wuscheln durch die Haare, als arrogant bezeichnet und sein Blut, welches beim Beobachten von Stefan schon grün geworden ist, mittlerweile zischelt und köchelt.[32] Zudem nimmt es „ihm die Luft weg [und] l[ässt] ihn zu einem kleinen grünen Monster schrumpfen."[33] In ein tiefes schwarzes Loch fällt er, als aus Gwen, dem „schönen [...] Traum"[34], wenig später wegen Stefan „das Problem"[35] wird. Bald darauf versteht Puck, dass eigentlich Stefan „das Problem"[36] ist, „woraufhin die Eifersucht von seinen Haarspitzen zischelnd bis in seine großen Zehen kr[iecht]."[37] Sein Hass auf „den drögen BWL-Student[en] im Karohemd"[38] wird also sehr deutlich. Genauer wird Stefan jedoch nicht beschrieben und somit sind die Ähnlichkeiten zwischen Dieter und Albert stärker zu erkennen, denn diese „gleichen sich sozusagen wie ein Ei dem anderen."[39] Sie sind Befürworter der Vernunft und erfolgreich in ihrer jeweiligen Karriere.[40]

Diese drei Männer tragen also nicht geringfügig zum Scheitern der jeweiligen männlichen Protagonisten bei. Doch, wie schon angedeutet, gehen letztere unterschiedlich mit der Situation um. Im weiteren Verlauf dieser Arbeit werde ich daher auf die Enden der Romane und die verschiedenen Todesarten bzw. -ursachen eingehen.

2.4 Vergleich der Todesursachen/-arten der männlichen Protagonisten

Bezüglich der Todesursachen unterscheidet sich der Roman von Ulrich Plenzdorf von denen von Dana Bönisch und Goethe.

Puck und Werther begehen Selbstmord, wohingegen Edgar an einem Unfall stirbt.

Edgar erleidet einen Stromschlag aufgrund der fehlenden Hydraulikbewegung, als er weiter an seiner Farbspritzpistole arbeiten möchte.[41] Er hätte, wie er selber sagt, „nie im Leben freiwillig den Löffel abgegeben."[42] Selbstmord kommt für ihn somit auf keinen Fall in Frage und auch Werthers Suizid hält er für unnötig. Trotzdem kann er „Old Werther", wie Edgar ihn nennt, dahingehend verstehen, dass man irgendwann „nicht mehr weiterk[ann]."[43] Zu dieser

---

[31] Dana Bönisch.2003.S:100
[32] Ebd.vgl.S:100
[33] Ebd.S:100
[34] Ebd.S:75
[35] Ebd.S:79; S:90
[36] Ebd.S:97
[37] Ebd.S:97
[38] vgl. http://autoscooter.org/product/3462033263_rocktage [15.02.2010]
[39] http://209.85.129.132/search?q=cache:eYQD6RkD4owJ:mitglied.multimania.de/fsd/faeisenbl.doc+in+einen+r
egrecht+krankhaften+und+realit%C3%A4tsfernen+Zustand+starker+Gef%C3%BChlsschwankungen&cd=1&hl=de&ct=clnk&gl=de
[15.02.2010]
[40] vgl. http://www.rhetoriksturm.de/leiden-des-werther.php#selb [15.02.2010]
[41] vgl.Ulrich Plenzdorf.2004.S:98
[42] Ebd.S:99
[43] Ebd.S:99

Aussage verleiten Edgar größtenteils die Gemeinsamkeiten mit Werther, wobei vor allem der Liebesdiskurs, den beide durchleben, eine große Rolle spielt.[44]

Tobias Puck kann Werthers Selbstmord womöglich noch besser nachvollziehen, denn auch er bringt sich nach einem „aussichtslose[n] Kampf um Gwens Liebe"[45] selber um. Die Autorin lässt das Ende zwar offen, doch man kann als Leser erahnen, dass er sich von einem Zehnmeterbrett in ein Becken fallen lässt, von dem er ursprünglich bei einem Freibadbesuch mit Gwen zusammen springen wollte.[46] Er ist sich sicher, dass er diesen Schritt gehen möchte, da er dann ab einem gewissen Zeitpunkt keine neuen Tränen mehr weinen muss.[47] Trotzdem lassen ihn seine Gefühle nicht kalt und man spürt seine Aufregung aufgrund der „schwarz[en] und flirrende[n] Punkten"[48], die er eine Weile vor seinen Augen sieht. Demnach hat die „völlige Ohnmacht und Verzweiflung"[49] Tobias Puck dazu getrieben, bewussten Suizid zu begehen. Letztendlich hinterlässt er die „[einzigen] Wegbegleiter [...], die ihn wirklich brauchen um zu überleben"[50] – seine Frösche.

Zusammenfassend lässt sich demnach festhalten, dass Puck und Werther in Bezug auf ihren Tod einige Gemeinsamkeiten aufweisen, während Edgar sich in dieser Hinsicht von ihnen stark unterscheidet.

Nach der obigen Betrachtung der Gemeinsamkeiten und Unterschiede der in den drei Romanen auftretenden Charaktere werde ich im Folgenden untersuchen, inwieweit es Plenzdorf gelungen ist, mit der Figur des *Edgar Wibeau* das zur Entstehungszeit des Romans bestehende DDR-Regime zu kritisieren.

---

[44] vgl. http://www.grin.com/e-book/134702/vergleich-des-zugrundegehens-zwischen-goethes-werther-und-plenzdorfs [15.02.2010]
[45] http://www.dradio.de/dlf/sendungen/buechermarkt/227065/ [17.02.2010]
[46] vgl http://www.dradio.de/dlf/sendungen/buechermarkt/227065/ [18.02.2010]
[47] vgl.Ulrich Plenzdorf.2004.S:158
[48] Ebd.S:158
[49] http://www.amazon.de/product-rviews/3462033263/ref=cm_cr_dp_all_summary?ie=UTF8&showViewpoints=1&sortBy=bySubmissionDateDescending [18.02.2010]
[50] http://www.amazon.de/product-rviews/3462033263/ref=cm_cr_dp_all_summary?ie=UTF8&showViewpoints=1&sortBy=bySubmissionDateDescending [18.02.2010]

3. Wider der Anpassung: *Edgar Wibeau* in der DDR

Ulrich Plenzdorf versucht in seinem Roman *Die neuen Leiden des jungen W.* mit dem Protagonisten Edgar Wibeau einen Ausbrecher aus dem DDR-Regime zu kreieren. Er selber lebte als Junge der jugendlichen Generation im Dritten Reich, die Ende der sechziger Jahre nach eigenen Wertvorstellungen suchte . Mit der Figur Edgars konnte Plenzdorf nun die ältere Generation indirekt kritisieren. Der 7. Parteitag der SED (Sozialistische Einheitspartei Deutschlands) am 17.-22. April 1967 unterstützte sein Vorgehen, indem er die Jugend zu Einfallsreichtum, Verantwortung und Selbstständigkeit aufrief.[51]

Edgar Wibeau will ausbrechen und sich nicht von Menschen, die der älteren Generation angehören, leiten lassen. Edgars Streben geht aber noch weiter: „Er sucht den individuellen Freiraum in den programmierten Lebensplanungen, um nach einer erfolgreichen Gestaltung dieses Freiraums in das gesellschaftliche Programm zurückzukehren."[52] Daraus kann man schließen, dass Edgar sich seinem Land und dessen Regeln zwar nicht anpassen möchte, doch jenes verlassen, wie es heutzutage viele Menschen tun würden, möchte er auch nicht.

Dass Edgar Wibeau sich so gegen seine Regierung auflehnt, mag vielleicht auch daran liegen, dass er von der derzeitigen Gesellschaft abgelehnt wird. Dieses ist nämlich ein Grund dafür, dass er ein „NFG" (nebelloses Farbspritzgerät) konstruiert. Mit dem „NFG möchte er die Rückkehr in die Gesellschaft feiern, der er sich im Grunde seines Herzens weiter zugehörig fühlt."[53]

Darüber hinaus gibt es drei weitere auffällige Punkte, in denen Edgar, und somit Plenzdorf, sich gegen die DDR wendet: die Sprache, die Musik und die Kleidung.

Die Sprache gewährt einen weiteren Einblick in den Konflikt zwischen der alten und der jungen Generation. So lässt Plenzdorf seinen Protagonisten in seiner eigenen Sprache, dem Jargon der Jugendlichen zur Zeit der Entstehung des Romans, erzählen.[54] Ausdrücke wie „Leute"[55] oder „es popte einfach nicht mehr"[56] (Popper waren die Mitglieder einer deutschen Jugendkultur in Westdeutschland und West-Berlin der ersten Hälfte der 1980er Jahre) verdeutlichen zum einen die Ablehnung der Normen, zum anderen das schlichte Bedürfnis der Jugendlichen, mit einer eigenen, ausgedachten Sprache ihre Gefühle und Gedanken zu äußern. Ein Beispiel ist das vulgäre „Halt die Fresse!"[57], mit dem Edgar seine Aggressionen

---

[51] vgl.Königs Erläuterungen Interpretation zu Ulrich Plenzdorf.S:11
[52] Ebd.S:11
[53] Analysen und Reflexionen Reiner Poppe.S:25
[54] vgl. http://docs.google.com/viewer?a=v&q=cache:5VF_Kbg-DgwJ:www.kerber-net.de/literatur/deutsch/prosa/plenzdorf/edgar_sprache.pdf+edgar+wibeau+sprache&hl=de&gl=de&pid=bl&srcid=ADGEEShellpUPOPe6x0koJd0BmbAkxWQubOAicrnpjXOsDDKzfCtHKCRzA86Q5m3KVgnlVI92-ihqalRe7w-skUMftOIV6u28W-Upm0-GvtFAN6Mvr_v6JDCUV13RBaVmQEF-DyA5N9I&sig=AHIEtbRDDqGXC1-QGBdyAfM-hnZel9BaPw [21.02.2010]
[55] Ulrich Plenzdorf.2004.S:12
[56] Ebd.S:59
[57] Ulrich Plenzdorf.2004.S:70

gegenüber Addi herauslässt. Mit der Bezeichnung „Opa-Sprüche"[58] für Dieters Ausdrucks-
weise wird Edgars Individualität und Protesthaltung gegenüber den Erwachsenen, für die
hier Dieter steht, nochmals hervorgehoben.[59]

Die Musik unterstützte oftmals die Haltung der Jugendlichen zu DDR-Zeiten, indem sie die
gleiche Sprache verwendete (Hörbeispiel *Die Skeptiker*), und half ihnen und auch Edgar,
sich auf künstlerischer Ebene ebenfalls auszudrücken. Die Musik spielt bzw. spielte demnach sowohl im Roman als auch in der DDR eine große Rolle. Edgars Leben ist sogar von
der „echte[n] Musik"[60], wie er sie nennt, abhängig.[61] So ist er ein großer Fan von „Satchmo"
Louis Armstrong und dessen Jazzmusik[62] - einer verbotenen amerikanischen Musik, die somit einen großen Reiz für die DDR-Jugend darstellte und mit der Plenzdorf sich erneut indirekt gegen das Regime auflehnt. Zudem schreibt Edgar den „Bluejeans-Song"[63], womit wir
schon bei dem Thema der Kleidung angekommen wären.

Die Jeans war sehr beliebt bei den Jugendlichen. Sie kam aus dem Westen und war aufgrund dessen verboten. So konnte die Jugend nun auch mit der Kleidungswahl Zeichen setz-
ten, indem sie der vorgeschriebenen FDJ-Kleidung die Jeans vorzogen. Auch Edgar sieht
die Jeans als die edelste Hose der Welt.[64] Zudem gebe es „überhaupt nur eine Sorte echte
Jeans"[65], nämlich das Original von Levi Strauss.

Genau diese Jeanshosen blieben bis zum Ende der DDR „ein Bekleidungsstück, dessen
symbolischer Wert eng mit der Verklärung der eigenen Jugend zusammen hing."[66]

Die Sprache, die Musik und die Kleidung verhelfen Edgar, als Junge der DDR, zu der ge-
wünschten Unangepasstheit sowie der Suche nach Freiheit und somit zu seiner Identifikati-
on.

Abschließend kann man festhalten, dass Edgar sich bemüht, aus seiner kleinbürgerlichen
Umwelt auszubrechen, und es Ulrich Plenzdorf somit gelungen ist, das Problem der Jugend,
sich in der sozialistischen Gesellschaft zu verwirklichen, erfolgreich zum Ausdruck zu brin-
gen.

---

[58] Ebd.S:57
[59] vgl. http://docs.google.com/viewer?a=v&q=cache:5VF_Kbg-DgwJ:www.kerber-
net.de/literatur/deutsch/prosa/plenzdorf/edgar_sprache.pdf+edgar+wibeau+sprache&hl=de&gl=de&pid=bl&srcid=ADGEESheIlpUPOPe6x0
koJd0BmbAkxWQubOAicrnpjXOsDDKzfCtHKCRzA86O5m3KVgnlVI92-ihqalRe7w-skUMftOIV6u28W-Upm0-
GytFAN6Mvr_v6JDCUV13RBaVmQEF-DyA5N9I&sig=AHIEtbRDDqGXC1-QGBdyAfM-hnZel9BaPw [21.2.2010]
[60] Ulrich Plenzdorf.2004.S:22
[61] vgl.http://www.hausarbeiten.de/faecher/vorschau/99685.html [21.2.2010]
[61] vgl.Ulrich Plenzdorf.2004.S:24
[62] Ebd.S:24
[62] vgl.Ebd.S:22
[63] Ebd.S:22
[63] Ebd.S:24
[64] Ebd.S:22
[65] Ebd.S:22
[66] http://docs.google.com/viewer?a=v&q=cache:PiO7WfGUHwUJ:www.zeitgeschichte-
onli-
ne.de/Portals/_Rainbow/documents/pdf/pop_menzel.pdf+wider+der+anpassung:+edgar+wibeau+in+der+DDR&hl=de&gl=de&pid=bl&srcid
=ADGEESjDJXjI9JaWjKn5NAvLRhpq1gyL5MJ2Gm_0G3CY6Mv_fJK3XBZfuVuTLBH8bvUPRlzoiu25UM8fDgR0R3EjYfyE9yvLNvZ2
l-eWGybpcmi3xM6Id59IkN3wR2Rsa1NHLta71c3I&sig=AHIEtbS9rMDc3WHwjxBRSVXtZghRJFAi1Q

Nach den obigen Ausführungen untersuche ich im letzten Kapitel dieser Arbeit nun, inwieweit nicht nur Edgar, sondern auch die Protagonisten der anderen Werke Leitbilder für ihre jeweilige Generation darstellten bzw. darstellen.

4. Werther, Edgar und Tobias als Vorbilder der jeweiligen Jugendkultur?

Im Folgenden gehe ich chronologisch vor und beginne daher mit Goethes Werther. Dieser stellte zur damaligen Zeit tatsächlich ein großes Vorbild für viele Menschen dar, die sich mit der Problematik einer unerwiderten und verbotenen Liebe, die zum Äußersten führen kann, identifizieren konnten. Der Roman verursachte aufgrund dessen sogar eine regelrechte Seuche des Selbstmordes.[67]

Natürlich stieß das Reizthema *Suizid* bei der Mehrheit der damaligen Bevölkerung auf Empörung. Auch meiner Meinung nach erfüllt ein Mensch, der Selbstmord begeht, nicht die Voraussetzungen einer Vorbildfunktion.

Plenzdorfs Edgar hingegen fungiert meiner Ansicht nach schon eher als Vorbild für die Menschen seiner Zeit. Abgesehen davon, dass er den Selbstmord von Werther sowie Selbstmord grundsätzlich ablehnt, ist Edgar Wibeau ein „Schrittmacher"[68]. Viele DDR-Teens finden sich in seinen Leiden wieder.[69] Edgar rebelliert in Plenzdorfs Roman gegen die spießige, erwachsene Welt, wie ich im dritten Kapitel dieser Arbeit schon näher erläuterte. Die jugendlichen Leser durchlebten die gleiche langweilige Schul- und Lehrlingsausbildung, die ihre eigene individuelle Kreativität unterdrückte. Edgar protestiert im Namen der damaligen jungen Generation gegen unnötige Zwänge hinsichtlich ihrer Sexualität, ihrer Kleidung und ihrem Musikgeschmack und steht hinter der eigenen Selbstverwirklichung jedes einzelnen Individuums.[70] Er appelliert mit dem Recht auf Freiheit an seine Leser und gibt ihnen den Mut, es ihm gleichzutun. Aus diesen Gründen sehe ich Edgar Wibeau als Vorbild für die DDR-Jugend, das es versteht und schafft, dieser ihre Willenskraft zurückzugeben.

Nach diesen Ausführungen könnte man erwarten, dass Dana Bönisch versucht, die Jugend des 21. Jahrhunderts anzusprechen, und dass ihr Protagonist Tobias Puck einen Revolutionisten der heutigen Zeit darstellen soll. Jedoch denke ich, dass dies Bönisch in ihrem Roman nicht gelungen ist. Puck ist ein Junge, der in seinem Leben nichts wirklich gut hinbekommt. Er bricht das Studium ab, obwohl er keine Aussichten auf einen guten Job hat, trinkt ziemlich viel und lebt in einem Chaos. Die einzigen Freunde von Puck sind seine Frösche und selbst diese vernachlässigt er aufgrund seiner Vernarrtheit in Gwen. Manche Jugendliche können sich möglicherweise aufgrund Pucks Schwächen und Fehler, wie seiner Gesellschafts- und Anpassungsunfähigkeit, die ihn sympathisch wirken lassen, mit ihm identifizieren.[71] Doch hierbei handelt es sich wahrscheinlich eher um eine Minderheit. Denn die Mehrheit der Jugendlichen hält einen ängstlichen Außenseiter, der viel über unwichtige Dinge nachdenkt

---

[67] vgl. http://www.miads.de/UserFiles/File/GoetheWerther/html%20Version/Selbstmord.html [21.02.2010]
[68] Königs Erläuterungen Interpretation zu Ulrich Plenzdorf.S: 15
[69] vgl. http://www.spiegel.de/spiegel/print/d-42645294.html [21.02.2010]
[70] vgl.http://gabrieleweis.de/2-bldungsbits/literaturgeschichtsbits/thema%20jugend/reader-thema-jugend/5- plenzdorf-neue-leiden.htm [22.02.2010]
[71] vgl. http://www.fluter.de/de/queer/buecher/2382/ [22.02.2010]

und nicht weiß, was er will, eher nicht für nachahmungswürdig.[72] Darüber hinaus bringt Puck sich selber um, was ich bereits bei Werther für negativ befunden habe.

Folglich sehe ich in Tobias Puck eine Figur, die man sich in der heutigen Zeit nicht zum Vorbild nehmen sollte.

---

[72] vgl.Ulrich Plenzdord.2004.S:30/31

5. Schluss

Abschließend möchte ich meine Untersuchungen zusammenfassend auswerten.

Das zweite Kapitel, der Vergleich der Protagonisten, bringt die Ähnlichkeiten hinsichtlich ihrer unerwiderten Liebschaften sowie der Männer, die ihnen im Wege stehen, zum Ausdruck. Bezogen auf die Todesarten sind jedoch teilweise Unterschiede zu erkennen, auf die ich unten noch näher eingehen werde.

Die unerreichbare Liebe wirkt sich auf alle drei Protagonisten letztendlich negativ aus: Jeder von ihnen verfällt nach diversen Rückschlägen in Depressionen. Jedoch reagieren sie unterschiedlich darauf. Während Werther und Puck sowohl psychisch als auch physisch aufgeben, setzt Edgar sich noch Ziele, deren Erreichen jedoch durch einen Unfall verhindert wird.

Darüber hinaus macht Plenzdorf, wie bereits im dritten Kapitel erwähnt, mit Hilfe der Figur des Edgar deutlich, wie schwierig sich die freie Entfaltung für in der DDR lebende Jugendliche gestaltete und wie es ihnen trotz dessen gelingen konnte, aus dem Regime auszubrechen.

Zudem ist Edgar der einzige der untersuchten Protagonisten, der als wirkliches Vorbild für die Jugend seiner Zeit bezeichnet werden kann, wie ich in Kapitel 4 dieser Arbeit erläuterte.

Im Gegensatz dazu stehen Werther und Puck, die aufgrund ihrer Selbstmorde meiner Ansicht nach keine Vorbildfunktion erfüllen. Alleine die Tatsache, dass viele zur Entstehung des *Werthers* lebende junge Menschen in diesem ein Leitbild gesehen und sogar seinen Selbstmord nachgeahmt haben, lässt darauf schließen, dass das Vorbild Werther zu nichts Positivem führen kann. Nachdem also in den 70er Jahren des 20. Jahrhunderts Plenzdorf mit der Erfindung des Edgar bezüglich des Ausbruchs aus gesellschaftlichen Normen einen Schritt nach vorne gegangen ist, stellt der Ausweg Pucks für mich eher wieder einen Rückschritt in Richtung Werthers dar.

Schließlich möchte ich noch einiges anmerken: Hätte es der vorgegebene Umfang der Arbeit erlaubt, wäre ich auf einige Themen, wie beispielsweise die teilweise paradoxe Beziehung zwischen Puck und Gwen oder die Rolle der Frösche in Pucks Leben, genauer eingegangen. Bezüglich Goethe hätte mich eine nähere Untersuchung der Sturm und Drang-Epoche interessiert.

Auf die gesamte Arbeit bezogen hat mir die Beschäftigung mit dem ersten Schwerpunktthema am besten gefallen, da mir dadurch bewusst geworden ist, dass die Problematik der unerwiderten Liebe jederzeit – sei es im 18.Jahrhundert, in den 70er Jahren des 20.Jahrhunderts oder heutzutage – ein spannendes, ergiebiges und vor allem aktuelles Thema darstellt.

16

Literaturverzeichnis

Primärliteratur
- Dana Bönisch: Rocktage, Köln, 2003
- Ulrich Plenzdorf: Die neuen Leiden des jungen W., Frankfurt am Main, 2004

Sekundärliteratur
- Königs Erläuterungen Interpretation zu Ulrich Plenzdorf Die neuen Leiden des jungen W.,Hollfeld,2004
- Analysen und Reflexionen Reiner Poppe Ulrich Plenzdorf Die neuen Leiden des jungen W.

Internetquellen

http://209.85.129.132/search?q=cache:eYQD6RkD4owJ:mitglied.multimania.de/fsd/faeis enbl.doc+in+einen+regelrecht+krankhaften+und+realit%C3%A4tsfernen+Zustand+sta rker+Gef%C3%BChlsschwankungen&cd=1&hl=de&ct=clnk&gl=de

http://www.rhetoriksturm.de/leiden-des-werther.php#selb

http://www.amazon.de/K%C3%B6nigs-Erl%C3%A4uterungen-Materialien-Bd-304-Leiden/dp/3804417957

http://autoscooter.org/product/3462033263_rocktage

http://www.grin.com/e-book/134702/vergleich-des-zugrundegehens-zwischen-goethes-werther-und-plenzdorfs

http://www.amazon.de/product-re-views/3462033263/ref=cm_cr_dp_all_summary?ie=UTF8&showViewpoints=1&sortBy=bySubmissionDateDescending

http://www.dradio.de/dlf/sendungen/buechermarkt/227065/

http://docs.google.com/viewer?a=v&q=cache:5VF_Kbg-DgwJ:www.kerber-net.de/literatur/deutsch/prosa/plenzdorf/edgar_sprache.pdf+edgar+wibeau+sprache&hl=de&gl=de&pid=bl&srcid=ADGEESheIlpUPOPe6x0koJd0BmbAkxWQubOAicrnpjX OsDDKzfCtHKCRzA86Q5m3KVgnlVI92-ihqaIRe7w-skUMftOIV6u28W-Upm0-GytFAN6Mvr_v6JDCUV13RBaVmQEF-DyA5N9I&sig=AHIEtbRDDqGXC1-QGBdyAfM-hnZel9BaPw

http://www.hausarbeiten.de/faecher/vorschau/99685.html

http://docs.google.com/viewer?a=v&q=cache:PiO7WfGUHwUJ:www.zeitgeschichte-onli-ne.de/Portals/_Rainbow/documents/pdf/pop_menzel.pdf+wider+der+anpassung:+edgar+wibeau+in+der+DDR&hl=de&gl=de&pid=bl&srcid=ADGEESjDJXjI9JaWjKn5NAvLRhpq1gyL5MJ2Gm_0G3CY6Mv_fJK3XBZfuVuTLBH8bvUPRlzoiu25UM8fDgR0R3EjYfyE9vyLNvZ2l-eWGybpc-mi3xM6Id59lkN3wR2Rsa1NHLta71c3I&sig=AHIEtbS9rMDc3WHwjxBRSVXtZghRJFAi1Q

http://www.miads.de/UserFiles/File/GoetheWerther/html%20Version/Selbstmord.html

http://www.spiegel.de/spiegel/print/d-42645294.html

http://gabrieleweis.de/2-bldungsbits/literaturgeschichtsbits/thema%20jugend/reader-thema-jugend/5-plenzdorf-neue-leiden.htm

http://www.fluter.de/de/queer/buecher/2382/